EL LIBRO DE LOS
ANIMALES
INSÓLITOS

Ilustrado por
Jonathan Woodward

Escrito por
Jason Bittel

DK

Ilustración Jonathan Woodward
Texto Jason Bittel
Asesoramiento Laure Cugnière

Edición del proyecto Sophie Parkes
Edición de arte sénior Claire Patane
Asistencia de diseño Sif Nørskov
Edición Lizzie Munsey
Diseño sénior Hannah Moore
Documentación gráfica Rituraj Singh
Coordinación editorial Issy Walsh
Edición de producción sénior Dragana Puvacic
Control de producción sénior John Casey
Edición ejecutiva Penny Smith
Subdirección de arte Mabel Chan
Dirección editorial Sarah Larter

De la edición en español:
Coordinación editorial Cristina Gómez de las Cortinas
Asistencia editorial y producción Eduard Sepúlveda

Servicios editoriales Tinta Simpàtica
Traducción Ana Riera Aragay

Publicado originalmente en Gran Bretaña en 2022
por Dorling Kindersley Limited
DK, One Embassy Gardens, 8 Viaduct Gardens,
Londres, SW11 7BW
Parte de Penguin Random House

ISBN: 978-0-7440-8922-6

Impreso y encuadernado en China

Para mentes curiosas
www.dkespañol.com

Contenidos

 EXTINTOS

REDESCUBIERTOS

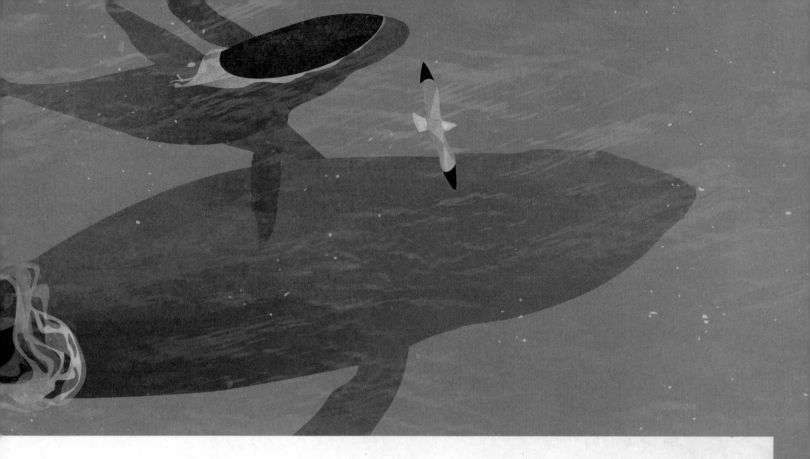

Introducción

Tiempo atrás, si alguien encontraba un hueso enorme o unos cuernos en el suelo, pensaba que era una prueba de que en la Tierra había dragones y gigantes. Hoy en día sabemos que son fósiles, es decir, restos de animales que existieron hace mucho tiempo y que se han extinguido. Es importante conocer la historia de los animales que han vivido en la Tierra para aprender de ella y proteger a los que viven en la actualidad.

Los dragones que escupen fuego por la boca y los monstruos gigantes no existen. Pero en el sudeste de Asia encontramos al terrorífico dragón de Komodo, con 3 m de largo y saliva tóxica, y en el océano vive la ballena azul, que es más grande que cualquier dinosaurio conocido.

Somos muy afortunados por compartir el planeta con criaturas fascinantes y únicas. Cuanto más sepamos sobre ellas mejor las ayudaremos a sobrevivir para que puedan disfrutarlas también las generaciones futuras.

Jason Bittel

Extinciones masivas

En la Tierra ha habido **muchas extinciones**. Es probable que un **asteroide gigante acabara con los dinosaurios**. Pero ¿sabías que es solo **uno de los muchos apocalipsis** que ha vivido el planeta? De hecho, ha habido **cinco extinciones masivas** en los últimos 500 millones de años. Los científicos creen que, en conjunto, han aniquilado entre el 75 y el 90 por ciento de las especies que han existido. Y lo que es peor, muchos piensan que estamos provocando una **sexta extinción masiva**.

Hace 447 millones de años

ORDOVÍCICO

Al parecer, la segunda extinción masiva más grande de la historia de la Tierra tuvo algo que ver con una gran glaciación del planeta a la que siguió un deshielo. Esto aniquiló el 85 por ciento de la vida del planeta, que en su mayor parte se concentraba en los océanos.

Helecho fosilizado

Hace 383 millones de años

DEVÓNICO SUPERIOR

Esta extinción masiva se debió a un cambio climático, causado probablemente por fenómenos volcánicos y asteroides que provocaron una reducción del dióxido de carbono en la atmósfera. A lo largo de 20 millones de años, se extinguió el 75 por ciento de la vida en la Tierra, la mayor parte sin dejar rastro.

Insecto en ámbar

Hace 252 millones de años

PÉRMICO-TRIÁSICO

Este evento, llamado la Gran Mortandad, lo causó la erupción de un conjunto de volcanes, que provocó un cambio en el clima, haciendo que aumentara muchísimo la temperatura del océano y que los bosques se secaran y muriesen. Solo sobrevivió el 4 por ciento de las especies marinas y el 25 por ciento de las terrestres.

Fósil de trilobite

Pterodactylus

Tyrannosaurus rex

Oso pardo

Tilacino

Stegosaurus

Allosaurus

Hace 201 millones de años

Hace 66 millones de años

Actualidad

TRIÁSICO-JURÁSICO

Al parecer, enormes erupciones volcánicas en lo que hoy es el océano Atlántico contribuyeron a un cambio climático general, provocando la extinción masiva. Probablemente los océanos se volvieron más ácidos, así que al coral, los caracoles, los cangrejos y otras criaturas marinas les costaba construir sus caparazones.

CRETÁCICO-PALEÓGENO

Se estima que el asteroide que provocó la extinción masiva de los dinosaurios medía 12 km de largo cuando chocó en la actual península de Yucatán, en México. El impacto debió de ser enorme y debió de vaporizar todo lo que había cerca del lugar, provocando incendios de cientos de kilómetros y alterando de golpe el clima de todo el planeta.

HOLOCENO

Los científicos están muy preocupados por la rapidez con la que las especies se están extinguiendo. Muchos expertos opinan que los humanos hemos alterado tanto la Tierra, y tan deprisa, que vivimos en una nueva era: el Antropoceno, por las palabras griegas que significan «humano» y «nuevo».

Cráneo de triceratops

Fósil de amonita

Mamut lanudo

ESPECIES INVASORAS

Son especies que han sido llevadas a otro lugar por los seres humanos. Las especies invasoras pueden provocar la extinción de especies nativas porque se comen su comida, se adueñan de sus casas y atacan a sus ejemplares o a sus crías.

La mariquita asiática multicolor es invasora en Norteamérica y Europa.

PÉRDIDA DEL HÁBITAT

Cada especie de la Tierra ha evolucionado para vivir en un lugar. Si la temperatura, el clima y el suministro de alimento se modifica por culpa de los humanos, muchas especies desaparecen.

Los cultivos se fertilizan con sustancias químicas dañinas para la fauna y la flora.

SOBREEXPLOTACIÓN

Los humanos explotamos a los animales de muchas maneras: los comemos, fabricamos prendas de ropa con su piel, los cazamos para venderlos como mascotas o trofeos, o para preparar medicamentos. También los matamos si estropean las cosechas o atacan al ganado.

También destruimos hábitats, como el bosque tropical donde viven los gorilas.

10

CONTAMINACIÓN

Los vertidos de petróleo, las emisiones de los coches y los residuos plásticos son tan solo algunos ejemplos de cómo los humanos contaminan el medio ambiente. Unas veces la contaminación intoxica a los animales directamente y otras se va acumulando en sus organismos durante décadas. Los animales pueden asfixiarse con la basura o quedar atrapados en ella y ahogarse.

CAMBIO CLIMÁTICO

Pequeños cambios pueden acumularse y acabar teniendo un gran impacto en la vida salvaje. El cambio climático reduce las reservas de alimento, hace desaparecer hábitats y crea unas condiciones en que las especies no pueden sobrevivir.

Muchas fábricas queman materiales y lanzan gases residuales a la atmósfera.

Causas de la extinción

Sabemos que en la Tierra ha habido **muchas extinciones**. La muerte, pues, es algo natural, pero los científicos afirman que lo que sucede en la actualidad es distinto, pues se debe principalmente al ser humano, y **puede evitarse**. Los humanos hacemos que numerosas especies se extingan más deprisa de lo normal, pero si **modificamos** nuestra actividad podremos **ralentizar el proceso**. He aquí algunas **razones** que explican por qué el proceso está siendo hoy tan rápido.

Clasificación

Los científicos tienen distintos métodos para saber cuál es la **situación de una especie**. Pueden ver el **número de ejemplares** de una especie concreta, o cuantificar la **cantidad de hábitats** de los que disponen estos animales para vivir. En este libro nos centraremos en **cuatro grupos** de especies.

EXTINTAS

Estas especies han desaparecido para siempre. Algunos de los animales que aparecen en este libro se extinguieron antes de que existieran los humanos. Otros lo han hecho recientemente.

Dodo

REDESCUBIERTAS

De vez en cuando, los científicos descubren un animal que creían extinguido o que solo se conocía gracias a los fósiles. Algunos las llaman especies zombis, ya que han «vuelto de entre los muertos».

Takahe

Tarsero pigmeo

Rinoceronte
de Java

Panda
gigante

AMENAZADAS

Las especies amenazadas son aquellas
que están en peligro de extinción
debido a la caza y la pesca excesivas,
la pérdida de hábitats, el cambio
climático u otras causas.

EN RECUPERACIÓN

Estas especies se consideran
amenazadas, pero no están tan cerca
de la extinción como habían estado
anteriormente gracias al trabajo
de los investigadores y los
conservacionistas.

Orangután
de Borneo

Cóndor de
California

Conservación

Es cierto que **somos responsables** de la mayoría de las extinciones actuales, pero también tenemos la **capacidad de frenarlas**. Algunos animales **ya se han salvado** de la extinción: cada vez que vemos una ballena jorobada o un águila calva, comprobamos que **aún podemos salvar** a las criaturas que están amenazadas. La **conservación** es la clave para proteger y cuidar la naturaleza.

El pangolín es el mamífero con el que más se trafica en la Tierra. En 2016, los gobiernos del mundo se unieron para declarar ilegal la compra y la venta de estos animales.

RESILVESTRAR

Reintroducir especies vegetales y animales en los lugares de los que han desaparecido ayuda a reconstruir la riqueza que forman los organismos vivos. Los espacios salvajes también son buenos para nuestra salud mental.

ÁREAS PROTEGIDAS

Los animales no pueden sobrevivir sin su hábitat. Una de las mejores cosas que podemos hacer por los animales es proteger las grandes superficies de bosques, arrecifes, praderas, humedales y cualquier espacio que tengan como hogar.

PREVENIR EL CAMBIO CLIMÁTICO

Esto es una prioridad, pero debemos ponernos de acuerdo y reducir el uso de combustibles fósiles como el petróleo o el carbón. Podemos ayudar usando menos el coche.

ESPECIES CLAVE

Son animales sin los que un ecosistema (una comunidad de especies) no podría sobrevivir, como las abejas. Identificando y protegiendo las especies clave, protegemos a muchas otras especies que dependen de ellas.

REDUCIR, REUTILIZAR, RECICLAR

Los pequeños cambios importan. Recoger la basura es bueno para los animales, y comprar menos ropa, plásticos y móviles es beneficioso para todos, tanto para las tortugas marinas como para los gorilas de montaña.

Ecosistemas

Quizá te cueste entender por qué hay que salvar animales que la mayoría de nosotros no vamos a ver jamás, pero un **ecosistema** es como una **casa**. Las plantas y los animales que viven en él son los ladrillos que la forman. Si quitamos uno o dos ladrillos —animales que se **extinguen**—, la casa seguirá en pie. Pero si quitamos demasiados, acabará **cayendo**.

La capa de ozono es una capa de gases que protege la Tierra de los dañinos rayos del Sol.

PLANTAS

Las plantas transforman la luz del sol en energía por medio de la fotosíntesis. Liberan oxígeno, que los animales necesitan para sobrevivir.

Todo en el planeta está interrelacionado.

Solo el 2,5 por ciento del agua de la Tierra es dulce; el resto es salada. Debemos mantener limpia la que tenemos, y proteger nuestros lagos y ríos.

OCÉANOS

Los océanos son increíbles. Liberan oxígeno y absorben dióxido de carbono. También absorben el calor y lo distribuyen por el planeta uniformemente.

Cuando todo está en equilibrio, la Tierra es el hogar perfecto para los seres vivos. Cada animal y cada planta desempeña su papel.

ATMÓSFERA

Los gases del aire se llaman atmósfera. Esta regula el calor que entra y sale de la Tierra. Pero para funcionar correctamente, los gases deben mantener un perfecto equilibrio. Si la atmósfera tiene demasiado dióxido de carbono, la Tierra se calentará. Es lo que denominamos cambio climático.

¡Estamos todos conectados!

Los árboles son los pulmones de la Tierra: absorben dióxido de carbono y liberan oxígeno.

ANIMALES

Los animales inspiran oxígeno y espiran dióxido de carbono, que las plantas usan para la fotosíntesis. También las ayudan al dispersar semillas, y polinizar sus flores.

Las plantas dan alimento y refugio a los animales.

Tigre dientes de sable

Smilodon fatalis

¡Si las miradas mataran! El tigre dientes de sable era un **depredador colosal**, que podía llegar a pesar 272 kg y lucía unos largos caninos de 18 cm que clavaba a los bisontes, tapires y ciervos que cazaba. **No se sabe** a ciencia cierta por qué se extinguió, pero probablemente fuera por la escasez de animales grandes de los que alimentarse, el cambio climático y la competencia de otros **depredadores agresivos**.

ATAQUE SORPRESA

Se cree que los tigres dientes de sable eran depredadores que tendían emboscadas ocultándose entre la espesa maleza y los bosques.

Smilodon fatalis significa «diente cuchillo letal».

¡UNA TRAMPA!

A lo largo de los años, los científicos han hallado unos 166 000 huesos de tigre dientes de sable en La Brea Tar Pits, en Los Ángeles, Estados Unidos. Al parecer, los tigres dientes de sable y otros depredadores no podían resistirse a mordisquear a los animales que habían quedado atrapados en el alquitrán y también ellos acababan atrapados.

Cráneo de un tigre dientes de sable, con sus enormes dientes curvados

Esqueleto de un tigre dientes de sable

El Smilodon fatalis, conocido también como león o tigre dientes de sable, en realidad no estaba estrechamente relacionado con ningún felino moderno.

A pesar de su nombre, el alce irlandés
no era un alce, ni vivía solo en Irlanda.
De hecho, era un ciervo y vivía en casi
toda Europa.

Su cornamenta podía
pesar 41 kg, lo que hace
de ella la más grande
que se conoce.

Alce irlandés

Megaloceros giganteus

El alce irlandés fue uno de los **ciervos más grandes** que han existido. La causa más probable de su extinción fue el cambio climático. El descenso de las temperaturas debió de reducir el suministro de hierba, brotes y hojas. Parece que el calentamiento también cambio el hábitat de la especie, de los pastizales abiertos a los densos bosques. Sin el alimento necesario para hacer funcionar su cuerpo gigante, las hembras debían dar a luz cada vez a menos crías.

CORNAMENTA FATAL

Los científicos creían que las astas habían influido en su desaparición. Pensaban que eran tan grandes y pesadas que les hacían caer en las ciénagas o quedar atrapados entre los árboles, provocando así su extinción. Pero los científicos ya no opinan lo mismo.

ORNAMENTO

Como el alce moderno, los machos del alce irlandés usaban su cornamenta para luchar entre ellos y competir por las hembras. Estas no tenían cuernos.

El alce irlandés fue visto por última vez hace unos 8000 años.

Los humanos estaban en auge cuando el alce irlandés se extinguió. Es posible que la caza llevara a este animal, que ya escaseaba, al límite.

Perezoso terrestre gigante

Megatherium americanum

Los perezosos actuales pasan la mayor parte de su vida desplazándose lentamente por las copas de los árboles. Pero sus ancestros eran unos **gigantes corpulentos** que se desplazaban por el suelo. Una de las muchas especies de perezoso terrestre fue el *Megatherium americanum*, una enorme criatura con un cuerpo de 6 m de largo que pesaba cerca de unas 3,5 toneladas. De hecho, los científicos creen que este perezoso era uno de los **mamíferos terrestres más grandes** que han existido jamás.

Se suele asociar a los perezosos con América del Sur, pero se han encontrado fósiles de perezoso terrestre en zonas tan septentrionales como Alaska y el territorio canadiense del Yukón. La mayoría de los perezosos terrestres desaparecieron hace unos **10 000 años**, tras la última glaciación.

Los perezosos actuales son
del tamaño de un perro
pequeño, pero el *Megatherium
americanum* era grande
como un elefante.

El perezoso
terrestre gigante
podía sostenerse
sobre sus patas
traseras para
alcanzar el
alimento.

Probablemente usaba sus grandes colmillos curvados para luchar y para quitar el hielo y la nieve de la hierba y las pequeñas plantas antes de comérselas.

HERBÍVORO PELUDO

Este gigante herbívoro estaba cubierto por capas de pelo grueso y desgreñado que le ayudaban a conservar el calor en condiciones gélidas. Su joroba característica servía para almacenar energía y le permitía sobrevivir durante largos períodos sin comer.

Mamut lanudo

Mammuthus primigenius

El mamut lanudo es uno de los animales más conocidos de la Edad de Hielo. Este **descomunal gigante** deambulaba por los pastizales helados del hemisferio norte y se había adaptado para poder sobrevivir a los **gélidos inviernos**. Habitó la Tierra durante unos cinco millones de años y el último grupo de mamuts se extinguió hace unos 3700 años. Por aquel entonces, los **humanos los cazaban** por su carne y sus huesos. Algunos científicos creen que el ser humano debió de cazarlos hasta extinguirlos.

El mamut lanudo seguía existiendo cuando se construyeron las pirámides de Egipto.

PARIENTES CERCANOS

Los científicos estudiaron el ADN de unos mamuts congelados hallados en Siberia y descubrieron que era notablemente parecido al ADN del elefante asiático actual.

¿HIPOPÓTAMOS OCULTOS?

Los fósiles más recientes de hipopótamo enano de Madagascar parecen tener unos 1000 años, pero los lugareños afirman haber visto animales que encajan con su descripción en la actualidad. Hasta que haya pruebas, la especie seguirá clasificándose como extinta.

Hipopótamo enano de Madagascar

Hippopotamus lemerlei

La isla africana de Madagascar tiene todo tipo de especies y hábitats que no pueden encontrarse en **ningún otro sitio de la Tierra**, como los lemures, los tenrecs y los fosas. ¡Hasta hace poco, había incluso unos **hipopótamos enanos**! No está claro cómo llegaron estos animales a la isla. Es posible que lo hicieran nadando desde el continente africano, cuando el nivel de los mares era más bajo y había pequeñas cadenas de islas que ya no existen. Fuera como fuese, los hipopótamos enanos son los únicos mamíferos con pezuñas conocidos originarios de Madagascar.

Las marcas de cuchillos hallados en algunos fósiles sugieren que eran cazados por los seres humanos.

Tenía los ojos muy arriba, y debía de ver por encima del agua.

Se cree que se alimentaba de hierba y vivía tanto en el agua como en la tierra firme.

El dodo debía de medir alrededor de 1 m de alto.

Los estudios han demostrado que el cerebro del dodo era de tamaño medio, otro indicio de que este animal debía de ser bastante inteligente.

El dodo no podía volar; sus alas le ayudaban solo a mantener el equilibrio.

Dodo

Raphus cucullatus

El dodo era una **enorme ave no voladora** endémica de la isla Mauricio, en el océano Índico. Tenía fama de ser lenta y estúpida, porque no tenía miedo a los humanos. Pero los científicos creen que era un **pájaro fuerte y bastante hábil**. No empezó a desaparecer hasta que los humanos comenzaron a cazarlo, talaron los bosques donde vivía e introdujeron especies no autóctonas, tales como cerdos y ratas.

De hecho, podría decirse que los dodos eran unos excelentes supervivientes. Se las arreglaron para sobrevivir **varios millones de años** antes de extinguirse, mientras que los seres humanos existen desde hace solo unos 200 000 años.

Según el zoólogo alemán Georg Wilhelm Steller, a quien debe el nombre este animal, la grasa de la vaca marina era deliciosa y tenía un ligero toque a almendra.

ANIMALES SOCIABLES

Se dice que estos animales eran muy sociables y que incluso se defendían entre sí cuando sufrían algún ataque.

HUESOS GRANDES

Es posible que sus huesos densos y pesados le ayudaran a equilibrar la flotación producida por su gruesa capa de grasa.

Vaca marina de Steller

Hydrodamalis gigas

Imagínate un manatí **más grande que una orca** y te harás una idea de cómo era la vaca marina de Steller. Por desgracia, la imaginación es lo único a lo que podemos recurrir, ya que esta especie fue cazada por los comerciantes de pieles hasta su extinción en 1768, justo **27 años** después de ser descrita oficialmente.

FRÍO, FRÍO

La vaca marina de Steller vivía en aguas frías. Se mantenía caliente gracias a su tamaño y a su gruesa capa de grasa.

La vaca marina de Steller es el primer mamífero marino que se sabe que fue llevado a la extinción por el ser humano.

Se han encontrado picos, plumas y huesos de alca gigante en sitios funerarios con restos humanos de hace unos 4000 años. Esto sugiere que esta ave era importante para los pobladores antiguos.

Alca gigante

Pinguinus impennis

El alca gigante en muchos aspectos se parecía a un pingüino. Ambas aves lucían **plumas blancas y negras**, pasaban la mayor parte de su vida en el mar y tenían unas alas demasiado cortas para volar, pero **perfectas para nadar**. ¿Una diferencia importante? Los pingüinos viven en el hemisferio sur y el alca gigante vivía en el norte. El alca gigante era cazada por **marineros hambrientos** desesperados por conseguir carne fresca y por aquellos que ganaban dinero vendiendo sus plumas, su grasa, su aceite y sus huevos. A causa de estas prácticas, este pájaro de 1 m se extinguió en 1884, antes de que los científicos pudieran estudiarlo bien.

Al ser moteados, sus huevos se mimetizaban muy bien con las piedras de la orilla.

RAYAS MISTERIOSAS

Los científicos siguen sin saber por qué las cebras y las cuagas desarrollaron las rayas. Podrían ser para camuflarse de los depredadores, protegerse de la picadura de los insectos o enfriarse.

Cuaga

Equus quagga quagga

Al principio se creía que la cuaga, con menos rayas y un tono mucho más parduzco que la **cebra**, era una especie aparte. Pero los estudios de ADN demostraron que la cuaga y la cebra eran **parientes cercanos**, así que los científicos decidieron clasificar la cuaga como una **subespecie** de la cebra de llanura (el tipo de cebra más común). Que se sepa, la cuaga solo existió en Sudáfrica.

La caza por parte de los colonos europeos en Sudáfrica provocó la extinción de la cuaga a finales del siglo XIX.

CEBRA O CABALLO

Vista por detrás, podría confundirse con un caballo pardo. Pero las rayas de la parte delantera habrían revelado su verdadera identidad.

Como la cebra, la cuaga se alimentaba básicamente de hierbas.

EL PROYECTO CUAGA

Aprovechando que las cuagas y las cebras comunes son parientes cercanos, algunos científicos están intentando recuperar las cuagas. Se han ido apareando cebras cada vez con menos rayas y se han empezado a obtener animales que parecen cuagas.

Actualmente hay tres especies de cebra, cada una con su propio patrón de rayas. La cebra de llanura es la más común.

La cebra de Grévy tiene las orejas cónicas, como las de una mula, y el vientre blanco.

La cebra de montaña parece un cruce entre las otras dos especies, pero con el morro naranja.

35

Paloma pasajera

Ectopistes migratorius

A principios del siglo XIX, en América del Norte había unos 3000 millones de palomas pasajeras, lo que la convertía en la especie de **pájaro más común del continente.** ¿Qué sucedió? Según parece los pájaros eran bastante sabrosos, y los pioneros mataron a muchos de ellos para disponer de **proteínas frescas**. Sin embargo, es posible que el principal problema fuera que estas aves podían zamparse **toda una cosecha** en pocos días. Así que la gente empezó a envenenar las bandadas, a cazarlas con redes y a quemar los árboles donde se posaban.

LA VENTAJA DE SER MUCHAS

Las palomas pasajeras volaban y se posaban en enormes bandadas, a veces formadas por millones de pájaros. Se cree que el hecho de ser muchas les ayudó a sobrevivir. ¡Ningún halcón, búho o coyote podía comérselas a todas!

Cuando una bandada de palomas pasajeras sobrevolaba un lugar tardaba horas en pasar, y era tan grande que podía llegar a bloquear el sol.

LA ÚLTIMA

La última paloma pasajera
de la Tierra se llamaba Martha.
Murió en el zoo de Cincinnati,
Estados Unidos, el 1 de
septiembre de 1914.

Eran tantas las palomas
pasajeras que anidaban en un
solo árbol que las ramas se
rompían bajo su peso.

La hembra del tilacino podía llevar entre dos y cuatro crías en su bolsa del abdomen, que se abría hacia atrás.

ANIMAL ISLEÑO

El tilacino era originario de Australia continental, así como de las islas de Tasmania y Nueva Guinea.

Tilacino

Thylacinus cynocephalus

El tilacino, que tiene rayas de tigre, cuerpo de lobo y una bolsa de canguro, era una criatura fascinante que sigue desconcertando a los científicos. Este **marsupial carnívoro**, también conocido como tigre o lobo de Tasmania, era un pariente cercano del demonio de Tasmania y el numbat. El último tilacino conocido, llamado **Benjamín**, murió el 7 de septiembre de 1936. Desde entonces, ha habido rumores de posibles avistamientos, pero **no hay pruebas**.

Se cree que las rayas le ayudaban a escabullirse entre la oscura maleza cuando cazaba a sus presas, sobre todo pájaros y pequeños pósums.

PELEA DE PERROS

Algunos científicos creen que la competencia con el dingo, un perro salvaje australiano, causó su desaparición. La caza por parte de los humanos también debió de ayudar.

Lo creas o no, hay un lugar donde todavía es posible ver al tilacino: ¡En internet! Un breve vídeo de 1933 muestra a Benjamín moviéndose en su jaula. Es muy especial, ya que permite ver al último ejemplar de tilacino.

El último canguro rabipelado occidental del que se tiene noticia cayó en una trampa para dingos en 1928.

Como el resto de los marsupiales, criaba a sus crías en su bolsa hasta que crecían lo suficiente como para poder saltar.

Canguro rabipelado

Onychogalea lunata

Seguro que has oído hablar de los canguros, pero ¿sabías que hay muchas especies de pequeños marsupiales que se les parecen y se llaman **ualabíes**? El canguro rabipelado occidental es uno de ellos.

Esta especie, que era común en el centro, el sur y el suroeste de Australia antes de que esta fuera colonizada por los europeos, **no supo adaptarse** lo suficientemente rápido a los cambios que se estaban produciendo en este continente. Los europeos trajeron consigo otros animales, como los zorros y los gatos, que cazaban a este animal y a sus crías. Los conejos y el ganado no autóctono, por su parte, se **comían los pastos** que estos animales necesitaban para sobrevivir.

Sapo dorado

Incilius periglenes

El misterioso sapo dorado fue una especie autóctona **abundante** en el bosque nuboso de Monteverde, Costa Rica. Pero en 2004, este llamativo anfibio fue declarado extinto. Los expertos siguen debatiendo sobre las **posibles causas**. Según una teoría, debido a los cambios en el clima se produjo un ciclo inusualmente seco y caluroso que alteró su hábitat de 4 km². También era **vulnerable a una enfermedad**, llamada quitridiomicosis, que se desarrolló en las regiones más cálidas y provocó el declive de grupos parecidos de anfibios.

ÚLTIMO EJEMPLAR

En 1972, los científicos calcularon que había unos 1500 sapos dorados en el bosque nuboso de Monteverde, pero en 1988 la cifra había descendido a diez. En mayo de 1989, solo localizaron un macho. Fue el último sapo dorado del que se tuvo noticia.

La extinción del sapo dorado fue la primera achacable al calentamiento global a causa de la actividad humana. Estudios recientes, no obstante, sugieren que tal vez la actividad humana no tuviera la culpa.

OCULTO BAJO TIERRA

El sapo dorado pasaba la mayor parte de su vida en madrigueras subterráneas bajo el húmedo suelo del bosque. Durante la estación lluviosa, salía a la superficie para reproducirse en charcas y lagunas.

20 especies de ranas y sapos se extinguieron en la misma región más o menos a la vez que el sapo dorado.

PIEL SENSIBLE

Como otros anfibios, el sapo dorado tenía una piel muy fina que le permitía absorber el oxígeno y respirar, pero que quizá le hiciera más vulnerable frente a la contaminación y las toxinas.

Tortuga gigante de Pinta

Chelonoidis abingdonii

No siempre es fácil saber el **momento concreto** en que se extingue una especie, pero en el caso de la tortuga gigante de Pinta ese día fue el 24 de junio de 2012. Es cuando murió el último ejemplar conocido. Se llamaba el **Solitario George** y tenía alrededor de 100 años.

Desde 1972, George vivía en la Estación Científica Charles Darwin, en las **islas Galápagos**, donde los científicos intentaron muchas veces aparearlo con otras especies de tortugas gigantes. Las crías no habrían sido cien por cien tortugas gigantes de Pinta, pero la intención era evitar que los genes de George se extinguieran. Por desgracia, los esfuerzos fueron en vano.

Muchas especies de tortuga gigante siguen viviendo en islas, como las Galápagos de Ecuador y las Seychelles en el océano Índico.

El número de estas tortugas disminuyó porque los marineros y los balleneros las cazaban por su carne.

¡MIRA DEBAJO!

En realidad no vuelan.
Se deslizan por el aire gracias
a unos colgajos de piel que
se extienden entre sus
extremidades.

Esta especie debe
su nombre al pelo
grueso y lanudo de
su tupida cola.

HECES MEDICINALES

Estas ardillas suelen vivir en
cuevas, acantilados y grietas
en las rocas. Sus heces y su
orina forman una sustancia
pegajosa que huele a pino
y que según parece tiene
propiedades medicinales.

BUENA COMPAÑÍA

En 2021, los científicos llegaron a la conclusión de que no hay una única especie de ardilla voladora lanuda, ¡sino que hay tres!

Es uno de los pocos animales que se alimentan básicamente de agujas de pino.

Ardilla voladora lanuda

Eupetaurus cinereus

¿Cuál es el animal que mide más de 1 m de largo, pesa lo mismo que un chihuahua y se desliza por el aire gracias a sus **alas de piel cubiertas de pelo**? ¡La ardilla voladora lanuda, uno de los roedores planeadores más grandes! La especie se describió en 1888 a partir de varias pieles y un cráneo. Estos animales estuvieron ocultos casi 100 años, hasta que los redescubrieron unos científicos de Pakistán en 1994. Hoy la especie se considera amenazada.

En algún momento de la historia, hubo unas 90 especies distintas de celacanto. Actualmente solo quedan dos especies. ¡Al menos que sepamos!

Su cola es plana y potente, por lo que se propulsa hacia delante a gran velocidad.

AGUAS PROFUNDAS

Las dos especies de celacanto viven en las profundidades del océano, allí donde la luz del sol empieza a apagarse. Los científicos llaman a ese lugar zona crepuscular.

Celacanto

Genus Latimeria

Los científicos estaban convencidos de que este pez se había extinguido más o menos **a la vez que los dinosaurios**. Pero, en 1938, el conservador de un museo descubrió una de estas criaturas de dientes afilados entre el botín de un pescador en Sudáfrica. Es más, una **segunda especie**, el celacanto indonesio, se descubrió frente a la costa de la isla de Célebes, Indonesia, en 1997.

El celacanto puede alcanzar 1,9 m de largo y llegar a pesar 90 kg.

Este pez puede abrir mucho la boca para atrapar presas como peces, pulpos y calamares.

¿EXTINTO?

Antes de redescubrirse, los celacantos se conocían gracias a unos fósiles de 65 millones de años. Algunos los llaman «fósiles vivientes», pues apenas han cambiado en millones de años.

Fósil de celacanto

HISTORIA DE DOS PECES

Las dos especies de celacanto se parecen mucho, pero el análisis de ADN muestra que en realidad son bastante distintas. Ello sugiere que han permanecido separadas durante varios millones de años.

Celacanto indonesio

Insecto palo de Howe

Dryococelus australis

El insecto palo de Howe es uno de los **insectos más grandes del mundo**. Originalmente, solo se había encontrado en la **isla de Lord Howe**, en Australia. La especie fue declarada extinta en 1983, porque no se había visto durante décadas.

Sin embargo, en 1960, un grupo de escaladores visitó un islote deshabitado cercano llamado la **pirámide de Ball** y encontró pruebas de que este insecto podía haber vivido allí. Eso se confirmó en 2001, cuando los científicos encontraron una pequeña población de insectos palo de Howe en un **árbol del té de un acantilado**, a gran altura sobre el océano. Los análisis de ADN revelaron que eran de esta especie, lo que significaba que esta magnífica criatura no había desaparecido. Hoy está siendo reintroducido en la isla de Lord Howe.

En 1918 naufragó un barco que sin querer liberó ratas negras en la isla. Estas, los pájaros y algunos otros depredadores exterminaron el insecto palo de Howe.

CARA FEA

Esta especie es conocida por sus largas aletas rojizas. También por su cara grotesca, parecida a la de una gárgola.

Cíclido Mangarahara

Ptychochromis insolitus

¿Qué pasa si un pez se queda **sin agua**? Eso es lo que le ocurrió al cíclido Mangarahara, autóctono de un **tramo de un río** de Madagascar. La mayor parte del agua se usó para cultivar arroz, lo que dejó su hábitat **tan seco** que se dio por sentado que **se había extinguido** en estado salvaje. Por suerte, se encontraron algunos en una pequeña poza. En 2013, un grupo de expertos los trasladaron a unos acuarios para que se reprodujeran. Actualmente, la especie sigue amenazada, pero sobrevive gracias a los programas de cría en cautividad que se llevan a cabo en Madagascar y en Canadá.

Parte de su nombre científico, *insolitus*, significa «insólito», en referencia a las peculiares estructuras en forma de peine de sus escamas.

MEJOR MAMÁ

En el caso del cíclido Mangarahara es la hembra la que protege los huevos, pero en otras especies de cíclido son los machos los que cuidan de las crías.

Los científicos esperan poder reubicar el cíclido Mangarahara en una zona protegida cerca de su hogar original.

EN LAS COPAS

El tarsero pigmeo vive en los bosques nubosos de montaña (bosques tropicales en los que llueve mucho y abundan las nubes) de la isla Célebes, Indonesia. Es nocturno y se alimenta de insectos, arañas y otros artrópodos.

Los bosques nubosos están en la parte alta de las montañas.

El tarsero pigmeo no puede mover sus grandes ojos. Pero pueden mirar a su alrededor girando el cuello 180°, como los búhos.

Las crías de tarsero pigmeo pueden trepar a los árboles con solo un día de vida.

Como primates, los tarseros son bastante raros. Tienen garras en vez de uñas.

Tarsero pigmeo

Tarsius pumilus

¿Sabías que tienes un pariente del tamaño de un **ratoncito**? Pues sí, el tarsero pigmeo es un **primate prosimio**, más estrechamente relacionado con los humanos que con los monos. Cabe en **un bolsillo** y pesa como **dos rebanadas de pan**. Pero no hay que fiarse de estas criaturas diminutas. Cuando unos investigadores encontraron los primeros tarseros pigmeos vivos desde la década de los años veinte del siglo pasado, uno de ellos le arrancó un trozo de dedo de un **mordisco** a una de las investigadoras mientras intentaba ponerle una anilla de seguimiento.

El tarsero debe su nombre a su hueso del tobillo, el tarso, que es muy largo.

AMENAZAS

Se considera que está amenazado porque hay pocos ejemplares y están alejados entre sí. La tala del bosque y la presencia creciente de humanos también amenazan su supervivencia.

La fardela de Bermudas
tiene otro nombre,
cahow, que imita el
sonido de su grito.

La fardela de Bermudas puede
beber agua salada, porque
dispone de una glándula con
la que filtra la sal. Luego
estornuda y la echa fuera.

Fardela de Bermudas

Pterodroma cahow

Durante **siglos** se pensaba que se había extinguido. Resulta que en los siglos XVI y XVII, los marineros españoles y portugueses no paraban de comérselas. Además, introdujeron cerdos salvajes, y a estos les encantaban los huevos de fardela. En 1951, esta especie fue redescubierta en nidos de una **serie de ensenadas rocosas**. Había solo 17 parejas, así que los ecologistas tuvieron que intervenir rápidamente y reubicar algunos de los pájaros en una isla protegida cercana llamada **Nonsuch**. Los expertos cavaron incluso **madrigueras artificiales** para ayudarles. Actualmente, hay más de 100 parejas de fardela de Bermudas. Aunque falta mucho para alcanzar el medio millón que había en el pasado, al menos la especie **lucha** por su supervivencia.

DIENTES DE ORO

El pecarí de Chaco es autóctono de las regiones secas y calurosas de Paraguay, Argentina y Bolivia, en Sudamérica, donde se alimenta de cactus. Primero tiene que retirarles las espinas: las arranca con los dientes y las escupe.

Gracias a sus pezuñas diminutas el pecarí puede andar por la maleza espinosa.

DESAPARICIÓN DEL HÁBITAT

Esta especie está amenazada, porque su hábitat está desapareciendo. Solo quedan unos miles. Su hábitat se ha convertido en ranchos para el ganado, plataformas petrolíferas y carreteras.

Pecarí del Chaco

Catagonus wagneri

No es nada habitual descubrir una **especie nueva de gran mamífero**. Así que cuando el pecarí de Chaco apareció en escena en 1975 fue una gran noticia. Bueno, hasta que otros científicos dijeron: «¡Un momento! Nosotros conocemos este animal, pero gracias a los fósiles. Se suponía que esta criatura estaba extinta». ¡Sorpresa! El pecarí de Chaco parecía haberse estado **ocultando entre la maleza**.

Aunque los pecarís y los cerdos se parecen, la última vez que compartieron ancestro fue hace unos 40 millones de años. Tienen los dientes, los dedos de los pies y las colas distintos.

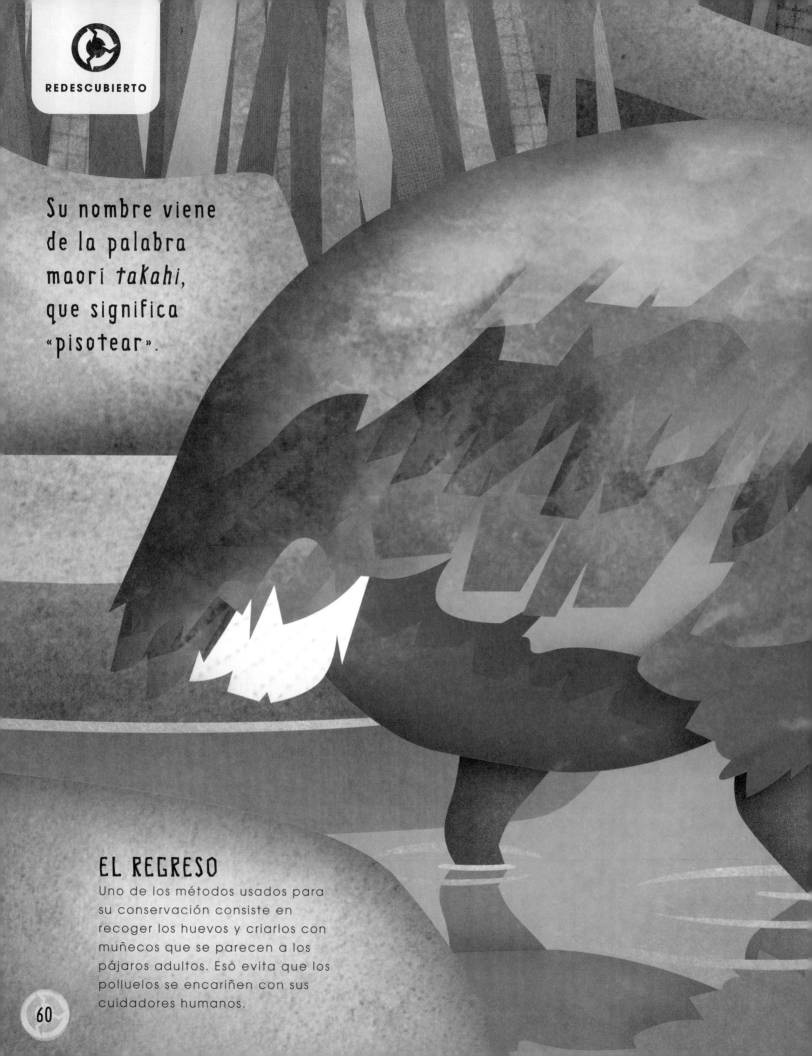

Su nombre viene de la palabra maorí *takahi*, que significa «pisotear».

EL REGRESO

Uno de los métodos usados para su conservación consiste en recoger los huevos y criarlos con muñecos que se parecen a los pájaros adultos. Eso evita que los polluelos se encariñen con sus cuidadores humanos.

Puede vivir entre 16 y 18 años en estado salvaje.

¡El pájaro es precioso, pero su afilado pico rojo es muy peligroso!

EN RECUPERACIÓN
Gracias al duro trabajo de científicos y ecologistas, hoy hay más de 400 ejemplares.

Calamón takahe de la isla Sur

Porphyrio hochstetteri

El calamón takahe es un pájaro no volador **endémico de la isla Sur de Nueva Zelanda**. Durante unos 50 años se creyó que estaba extinto, hasta que fue **redescubierto en un remoto valle** de las **montañas Murchison** en 1948. Los científicos creen que la especie empezó a tener problemas por el cambio climático, la competencia por la hierba con el ciervo común y la amenaza del armiño. Algunas de esas amenazas continúan. En 2007, una **plaga** de comadrejas comunes carnívoras redujo la población a la mitad.

Este gecko también se conoce como gecko de pestañas por las espinas que van desde sus cejas hasta su cola.

¿CON O SIN COLA?

Puede desprenderse de la cola para confundir a los depredadores. Pero a diferencia de otros reptiles, esta no vuelve a crecerle.

Gecko crestado

Correlophus ciliatus

El gecko crestado es un reptil que vive en las **copas de los árboles** de Nueva Caledonia, una isla cercana a Australia. Es un especialista arborícola (vive en los árboles). Se **agarra con la cola** a las ramas y tiene en los pies unas estructuras **parecidas a pelos** que le permiten adherirse a prácticamente cualquier superficie, ¡incluso al cristal!

Son a menudo **mascotas**, lo que es curioso, ya que la especie se creía extinta hasta que fue descubierta en estado salvaje en 1994. Entonces, los científicos recogieron algunos ejemplares para cuidarlos en **cautividad**, y obtuvieron muchas crías. Siguen siendo **raros** en su hábitat natural, a causa de especies invasoras como las hormigas coloradas, las ratas y los gatos.

El falangero de Leadbeater es el animal oficial del estado australiano de Victoria.

DIFÍCIL DE SABER

Dado que es pequeño, nocturno y veloz como un rayo, no es fácil seguirle el rastro. Aun así, los científicos piensan que pueden quedar menos de 1500 ejemplares.

Falangero de Leadbeater

Gymnobelideus leadbeateri

El falangero de Leadbeater se creía extinto y hoy se considera en **peligro crítico** porque sus hábitats han disminuido notablemente. Estos pequeños marsupiales viven en los **árboles** y anidan en sus huecos. Se alimentan de la **savia** dulce que gotea de los árboles, así como de arañas, grillos, escarabajos y otros **invertebrados** que viven en la corteza. Todos esos alimentos escasean en la actualidad debido a la tala indiscriminada y los incendios forestales.

En el mundo del falangero de Leadbeater, la que manda es mamá. Es lo que se llama un matriarcado.

¿FALANGERO O ZARIGÜEYA?

Estos dos animales tienen cosas en común, pero viven en lugares muy distintos.

El falangero vive en Australia, Nueva Guinea y la isla Célebes.

La zarigüeya se encuentra en América del Norte y del Sur.

Ambos son marsupiales, es decir, mamíferos que crían a su prole en una bolsa. Los canguros y los koalas también son marsupiales.

Este murciélago solo ha sido hallado en una cueva, llamada Luplupwintem, en Papúa Nueva Guinea.

FRUGÍVORO

Como sugiere su nombre, se cree que esta especie se alimenta básicamente de fruta, como los higos.

Murciélago de la fruta de Bulmer

Aproteles bulmerae

¡Ya ha resucitado de entre los muertos dos veces! Los científicos creían que esta especie había desaparecido al final de la última glaciación, pero, en la década de los setenta del siglo xx, fue descubierto en una **cueva** en Papúa Nueva Guinea. Las expediciones de seguimiento a la cueva volvían con las manos vacías hasta que, en 1992, encontraron más de **100 murciélagos**. ¡Y hay indicios de que la colonia **crece**! Se considera en peligro crítico.

¡Con las alas extendidas mide
1 m de ancho! Es el murciélago
de cueva más grande del mundo.

Pese a su tamaño, es extremadamente
ágil. Puede volar hacia atrás y planear,
lo que no es habitual en un murciélago.

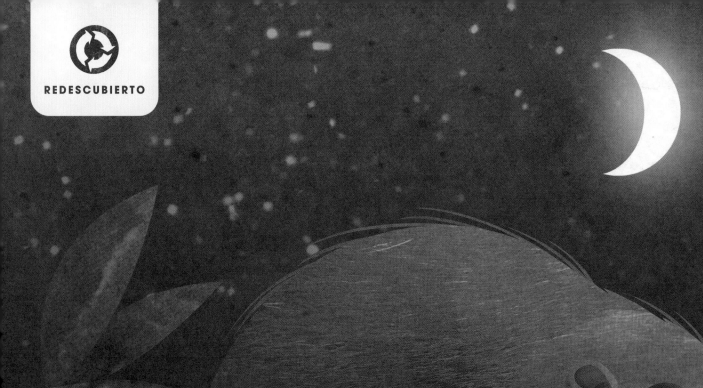

Su cola puede llegar a medir 28 cm de largo y se vuelve grisácea y peluda al final.

El ratón arbóreo es nocturno.

¡Hasta 2011, el ratón arbóreo llevaba casi un siglo sin ser visto!

Ratón arbóreo de Santa Marta

Santamartamys rufodorsalis

¡El ratón arbóreo de Santa Marta es un animalito del **tamaño de un jerbo** que solo ha sido visto por los científicos **tres veces**! El avistamiento más reciente se produjo en 2011, por parte de dos voluntarios de una reserva natural del norte de Colombia. Estaban a punto de irse a dormir cuando este roedor rojizo subió los escalones de su cabaña y se quedó allí durante casi **dos horas**. La especie está considerada en peligro crítico.

Elefante asiático

Elephas maximus

Este elefante, originario de la India y el sudeste de Asia, es un poco **más pequeño** que su pariente africano, pero aun así es el **animal terrestre más grande** de su continente. Los dos viven en unidades familiares dirigidas por **una hembra**. Los machos jóvenes forman su propio grupo, y los machos dominantes más viejos suelen ir por su cuenta.

Sus orejas son pequeñas y redondeadas.

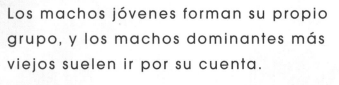

Quedan entre 20 000 y 40 000 elefantes asiáticos, así que es una especie amenazada.

Elefante africano

Loxodonta sp.

Los elefantes africanos viven... en África. Estos gigantes son inteligentes y pueden comunicarse a grandes distancias mediante sonidos graves. La **pérdida de su hábitat** y la **caza furtiva** siguen siendo las principales amenazas para estas criaturas, ya que el **marfil** de sus **colmillos** sigue estando muy demandado.

Sus grandes orejas le ayudan a disipar el calor, para poder enfriarse.

Hay dos especies de elefante africano: el elefante de sabana y el elefante de bosque, más pequeño.

Los osos suelen nadar hasta 48 km sin parar. ¡Un oso llegó a recorrer más de 354 km en el mar!

EN EL HIELO

Dependen del hielo marino para vivir. Allí cazan, se aparean, hacen su guarida y dan a luz.

Oso polar

Ursus maritimus

El oso polar está perfectamente adaptado para **vivir en el frío**. Las grandes almohadillas peludas de sus pies lo aíslan de las temperaturas gélidas y le sirven como raquetas. El pelo blanco le ayuda a camuflarse para cazar focas, mientras que su piel negra absorbe el calor del sol. El problema es que, como el **cambio climático** reduce el hielo del Ártico, su hábitat cambia demasiado rápido para que pueda adaptarse.

Las consecuencias del cambio climático son visibles en el Ártico. El hielo tarda más en formarse en otoño y se derrite antes en primavera porque la temperatura aumenta.

EN BUSCA DE COMIDA

Los osos polares son los osos más carnívoros de la Tierra. Se alimentan básicamente de focas, que atrapan cuando salen del agua a respirar.

Los osos polares pueden nadar a un ritmo de unos 9,9 km/h. ¡Más rápido que los atletas olímpicos!

Usa su gran cuerno para toda clase de cosas, desde arrancar las plantas que come hasta abrirse camino entre la espesa vegetación o quitarse el barro.

Rinoceronte de Java

Rhinoceros sondaicus

El formidable rinoceronte de Java lleva mucho tiempo siendo cazado por su cuerno. Actualmente se ha extinguido casi por completo y se considera en peligro crítico. Los únicos que quedan están en el parque nacional Ujung Kulon de Indonesia, en **Java Occidental**, donde se están tomando medidas para salvarlo de la extinción.

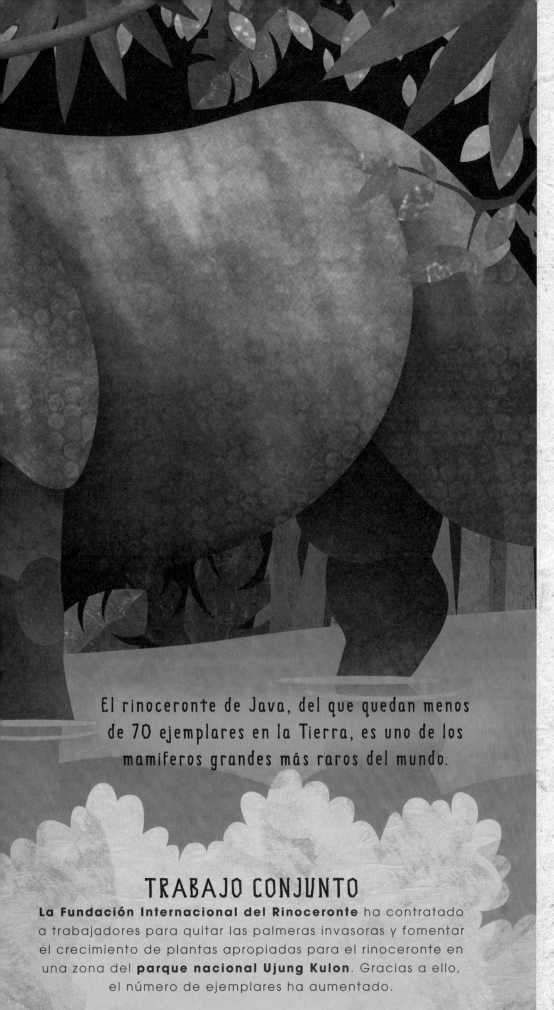

El rinoceronte de Java, del que quedan menos de 70 ejemplares en la Tierra, es uno de los mamíferos grandes más raros del mundo.

TRABAJO CONJUNTO

La Fundación Internacional del Rinoceronte ha contratado a trabajadores para quitar las palmeras invasoras y fomentar el crecimiento de plantas apropiadas para el rinoceronte en una zona del **parque nacional Ujung Kulon**. Gracias a ello, el número de ejemplares ha aumentado.

ESPECIES

Hay cinco especies y todas están siendo protegidas de un modo u otro.

La población del rinoceronte indio ha aumentado de 200 a 2700 ejemplares.

La población de rinoceronte blanco ha pasado de ser solo 100 en 1985 a más de 18 000.

El rinoceronte negro experimentó un gran descenso en la década de 1970, pero hoy hay más de 5000.

El rinoceronte de Sumatra lleva en la Tierra más tiempo que cualquier otro mamífero vivo, pero quedan menos de 80 ejemplares en estado salvaje.

La tortuga laúd se encuentra en los océanos de todo el mundo. Pero algunas poblaciones están disminuyendo rápidamente, por lo que la especie se considera en peligro de extinción.

¡La tortuga laúd puede aguantar la respiración durante 85 minutos!

Tortuga laúd

Dermochelys coriacea

No es solo la tortuga más grande, sino también el reptil más grande del planeta, cocodrilos aparte. Los adultos pueden llegar a pesar unos 900 kg, que es como casi 15 veces lo que pesa de media un humano adulto. Es asimismo la única tortuga con un **caparazón flexible y correoso** cubierto de piel. Los científicos creen que es para poder desplazarse más rápido por el agua.

La tortuga laúd es como un submarino, ya que puede sumergirse a 1280 m de profundidad.

COME MEDUSAS

El alimento favorito de esta tortuga es la medusa. Tiene unas púas en la garganta que le ayudan a engullir esta presa viscosa.

Gorila oriental

Gorilla beringei

Autóctonas de la República Democrática del Congo, Uganda y Ruanda, las dos subespecies de gorila oriental se consideran **en peligro crítico**, pues solo quedan 2600 ejemplares. La caza furtiva, el cambio climático y la tala de bosque para la agricultura son las **principales amenazas** de este gran simio.

El gorila oriental es el primate más grande del mundo.

Sus manadas pueden ser de hasta unos 30 ejemplares.

Gorila occidental

Gorilla gorilla

Con casi 100 000 ejemplares, está en **mejor situación** que sus parientes orientales, aunque sus dos subespecies también están en **peligro crítico** por la caza furtiva, la pérdida de hábitats y el cambio climático. Se ven amenazados, además, por las enfermedades humanas, como el Ébola.

El gorila occidental es más pequeño y tiene un pelaje más claro.

El gorila occidental es el único que usa herramientas.

Mariposa alas de pájaro

Ornithoptera alexandrae

Con las alas abiertas, la mariposa alas de pájaro de la reina Alexandra es **más grande que tu cara**. Curiosamente, los machos y las hembras presentan un aspecto **completamente distinto**. Ambos son enormes, pero las hembras suelen ser más grandes y de color marrón y canela. Los machos son más pequeños pero de **colores más vivos**: tienen el abdomen amarillo y las alas de color verde, azul y negro.

Solo vive en la mitad oriental de **Nueva Guinea**, una gran isla al norte de Australia. Los científicos creen que dependen de los grandes bosques, donde revolotean por el dosel. **La tala indiscriminada** es la principal causa de que esta especie esté en peligro de extinción. Sin bosques, no puede completar su ciclo vital. La mayor parte de su hábitat fue destruido por una **erupción volcánica** en 1951.

A diferencia de muchos insectos,
ponen solo un máximo de 30 huevos
cada vez. Su bajo ritmo reproductivo
hace más difícil su recuperación.

Leopardo del Amur

Panthera pardus orientalis

Los leopardos no viven únicamente en África. De hecho, esta subespecie es autóctona de algunas **zonas de Rusia y China** cercanas al río Amur. Quedan solo algo más de **100 ejemplares**. El leopardo del Amur está amenazado por la caza furtiva a causa de su hermoso pelaje, la falta de presas y la destrucción de su hábitat.

GRAN SALTADOR

El leopardo del Amur puede saltar a 3 m de altura estando en reposo y hasta 5,8 m hacia delante, más del doble que el récord de salto de longitud.

Es probablemente el gran felino más raro del mundo.

ESPERANZA

En 2007 quedaban solo unos 30 leopardos del Amur. Los esfuerzos por salvar estos felinos han hecho que su población se triplique.

Es un gran depredador y puede derribar a ciervos y jabalíes tres veces más grandes.

Ballena azul

Balaenoptera musculus

No ha habido ninguna otra criatura tan grande como la ballena azul. ¡Ni siquiera los dinosaurios! Es **tan colosal** que su lengua pesa tanto como un elefante y su corazón, como un automóvil. Curiosamente, estas criaturas gigantescas aumentan de peso engullendo kilos y kilos de **kril, unos diminutos crustáceos** parecidos a las gambas.

GRAN AMENAZA

Incluso el animal más grande del mundo a veces es atacado por depredadores como las orcas y los tiburones. La caza intensiva por parte de los humanos entre 1900 y la década de 1960 es la causa de que esté en peligro de extinción.

Esta ballena está presente en todos los océanos, excepto el Ártico.

Actualmente está protegida, y las poblaciones se están recuperando poco a poco. Pero las redes de pesca y las colisiones entre embarcaciones siguen siendo un peligro para la especie.

Usa su cola de 6 m de ancho, la aleta dorsal, para propulsarse.

Con una longevidad similar a la del ser humano, la ballena azul puede vivir unos 80-90 años.

GRAN AZUL

El diseño moteado gris azulado de su costado es distinto en cada ballena. Los científicos pueden usar estas marcas para diferenciar los individuos a lo largo de los años.

Es uno de los peces de arrecife más grandes del mundo.

MANJAR DE REYES

En algunas cocinas de Asia y Oceanía el pez Napoleón estuvo considerado como un manjar exquisito digno de la realeza. Más recientemente, algunas personas comunes con dinero suficiente han querido probarlo también. Este aumento en la demanda es la principal causa de que la especie esté ahora en peligro de extinción.

Pez Napoleón

Cheilinus undulatus

El pez Napoleón, con sus 181 kg y sus 1,8 m de largo, tiene el tamaño de un oso negro. ¡Es lógico que se lo conozca como **el rey del arrecife de coral**! Lo más interesante de este animal es que a veces puede **cambiar de sexo** y pasar de hembra a macho. Los científicos siguen tratando de averiguar qué desencadena esta transformación.

Con la edad, la protuberancia de la frente de los machos crece y se vuelve más azul.

GRAN TRITURADOR

El pez Napoleón cuenta con dos hileras de dientes. La primera está fusionada a su afilado pico y la segunda, los dientes faríngeos, está en su garganta. Con ella tritura moluscos, erizos de mar y crustáceos.

Estos peces verde azulados pueden encontrarse en los arrecifes de coral de la región del Indo-Pacifico.

NO ME VES

Se cree que su color rojizo le ayuda a mimetizarse con el musgo pardo rojizo y el liquen blanco del dosel del bosque.

Su cola larga y peluda le ayuda a mantener el equilibrio en la copa de los árboles. También puede enroscársela alrededor del cuerpo las noches frías, como si fuera un chal.

Panda rojo

Ailurus fulgens

Autóctono de **Asia**, es como un **peluche** del tamaño de un gato. Pese a sus rasgos, que hacen que se parezca al panda gigante, **no está emparentado** con los pandas negros y blancos, sino con un grupo de mamíferos entre los que están los mapaches, las comadrejas y los zorrillos.

El panda rojo puede encontrarse en China, Nepal, India, Myanmar y Bután.

MENOS BOSQUES

El panda rojo necesita bosques sanos para vivir y alimentarse. Está en peligro a causa de la deforestación de su hábitat.

Como el resto de los pingüinos, no puede volar, pero se desplaza por el mar en busca de pequeños peces, como sardinas y anchoas.

En las mejillas tienen una zona desnuda por la que disipan el calor.

Pingüino de las Galápagos

Spheniscus mendiculus

¿Sabías que no todos los pingüinos viven en la **Antártida**? De hecho, el pingüino de las Galápagos es la especie que vive más al norte. Parte de su población vive en las **islas Galápagos** de Ecuador, cerca del Ecuador. Su cuerpo menudo, de unos 50 cm de alto, le ayuda a mantenerse fresco, mientras **que las cuevas** le permiten **refugiarse** del asfixiante sol tropical.

El pingüino de las Galápagos puede jadear como un perro para refrescarse.

AMENAZAS

Quedan 1200 ejemplares solamente, por lo que está considerado en peligro de extinción. Aquí tienes algunas de las causas:

Las especies no autóctonas, como los perros domésticos, les transmiten enfermedades.

Los gatos, que tampoco son autóctonos, se comen a los pingüinos, sus huevos y sus crías.

El cambio climático es una amenaza porque aniquila los pececillos de los que se alimenta.

El dragón de Komodo es el animal nacional de Indonesia, el único país en el que vive esta especie.

Dragón de Komodo

Varanus Komodoensis

He aquí el lagarto más grande de la Tierra, el dragón de Komodo. Este **reptil monstruoso** no echa fuego por la boca, pero puede alcanzar los 3 m de largo y pesar más de 135 kg. Ah, y tiene unas **glándulas venenosas** en la boca con las que mata a sus presas, como los ciervos y los búfalos acuáticos que encuentra en su hábitat: las islas menores de la Sonda, en Indonesia. A veces, incluso se come a **otros dragones**.

Hasta hace poco el dragón de Komodo estaba considerado como **vulnerable**, pero en 2021 pasó a la preocupante categoría de **en peligro de extinción**. Se debe a que estos animales **solo viven en islas** y según las predicciones de los científicos, el cambio climático y la subida del nivel del mar reducirán su hábitat a un tercio en los próximos 45 años.

Los sensores de su morro detectan los peces cercanos.

El gavial es el cocodrilo que pone los huevos más grandes: cada uno puede pesar unos 170 g.

Gavial

Gavialis gangeticus

Con esa **cara tan peculiar**, es el cocodrilo **más extraño** del planeta. ¡Pero también uno de los **más grandes**! Un macho adulto puede pesar unos 1000 kg y medir hasta 6 m de largo. A pesar de su tamaño, el gavial se extinguió casi por completo en la década de 1970 y sigue estando en peligro crítico. Se cree que en la actualidad quedan **menos de 250** de estos fascinantes reptiles.

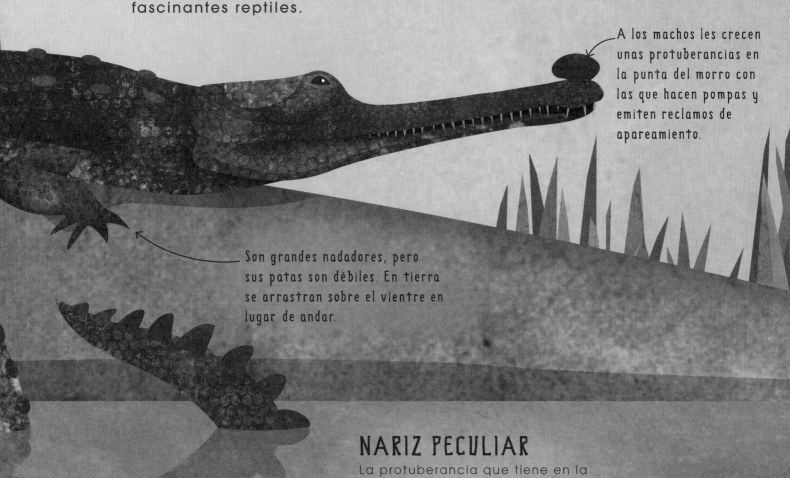

A los machos les crecen unas protuberancias en la punta del morro con las que hacen pompas y emiten reclamos de apareamiento.

Son grandes nadadores, pero sus patas son débiles. En tierra se arrastran sobre el vientre en lugar de andar.

NARIZ PECULIAR

La protuberancia que tiene en la nariz se llama ghara, que es el vocablo hindi que designa un recipiente de forma parecida.

Orangután de Borneo

Pongo pygmaeus

La palabra *orangután* procede del **idioma malayo**, en el que significa «persona del bosque». Este simio se pasa la mayor parte del tiempo en los **árboles** y se alimenta de higos, mangos, hormigas y hojas. La rápida desaparición de su hábitat forestal ha puesto a la especie en peligro: actualmente aparece clasificado como en peligro crítico.

Los orangutanes son los únicos grandes simios fuera de África.

DE PADRES A HIJOS

Los orangutanes transmiten
sus conocimientos a sus hijos:
les enseñan a utilizar palos y
rocas como herramientas.

Las hembras solo
dan a luz cada
6-8 años.

Son los mamíferos
arbóreos más grandes
de la Tierra.

Pangolín malayo

Manis javanica

Si cruzas un oso hormiguero con una piña, ¿qué sale? ¡Un pangolín! El pangolín malayo vive en el sudeste de Asia. Todos los pangolines están recubiertos de duras escamas superpuestas compuestas de queratina, como nuestro pelo y uñas, que los protegen de los depredadores. Por desgracia, algunas personas creen que las escamas de pangolín pueden usarse como medicina, así que cazan a estos animales en grandes cantidades.

La hembra del pangolín malayo da a luz a una sola cría cada vez.

Pangolín filipino

Manis culionensis

Sus escamas son muy solicitadas, así que todas las especies de pangolín están en peligro crítico de extinción. Los expertos afirman, no obstante, que el pangolín filipino tiene **más posibilidades** de recuperarse que la mayoría. Y eso se debe a los habitantes de las Filipinas, que **quieren salvar** esta especie y ayudan a los científicos a saber más sobre estos animales difíciles de estudiar.

Hay ocho especies de pangolín, cuatro en Asia y cuatro en África.

Algunas especies se ayudan de la cola para trepar.

PÁJAROS FIELES

El águila calva se aparea de por vida. Los dos progenitores se turnan para incubar los huevos y alimentar a los polluelos con peces, aves acuáticas y otros pequeños animales.

Deben uno de sus nombres, águila de cabeza blanca, a las plumas blancas de la cabeza, pero las plumas son marrones hasta que cumplen los cinco años.

MANSIÓN ARBÓREA

El nido más grande de águila calva del que se tiene noticia medía casi 3 m de diámetro y más de 6 m de alto. ¡Más que una jirafa adulta!

Águila calva

Haliaeetus leucocephalus

El águila calva es uno de los pájaros más grandes de Norteamérica, pero estos **depredadores de cabeza blanca** desaparecieron casi por completo el siglo pasado. Uno de los principales motivos fue el uso de un pesticida llamado **DDT**. Era efectivo contra los insectos, pero perjudicaba las aves porque hacía que las **cáscaras de sus huevos fueran más finas** y, por tanto, más frágiles.

En 1963, eran tantas las águilas calvas que habían aplastado sus huevos al ponerse a empollarlos que quedaron solo **417 parejas** en Estados Unidos. Para evitar que se extinguieran fue necesario prohibir el DDT y proteger la especie.

VEGETARIANOS

Los pandas comen más plantas que cualquier otra especie de oso. Sobreviven principalmente a base de bambú. Pueden comer hasta 38 kg de vegetales al día.

Panda gigante

Ailuropoda melanoleuca

BUEN ATRACÓN

El bambú contiene pocos nutrientes, por lo que debe ingerir grandes cantidades. Un panda gigante puede pasarse hasta 19 horas al día comiendo.

A todo el mundo le encantan los pandas gigantes. Son enormes, mullidos, blancos y negros, una especie de **peluches gigantes** (pero no nos engañemos, son osos, y por tanto tienen dientes afilados y fuertes músculos que pueden causar daños importantes). El panda gigante, del que solo quedan un millar de ejemplares en estado salvaje, está **en peligro de extinción**. China ha hecho grandes progresos en su protección, pero las poblaciones de panda gigante siguen sufriendo los efectos de la **deforestación**.

Un falso pulgar extra le ayuda a agarrarse a los tallos de bambú. Forma parte del hueso de la muñeca.

Los pandas viven
solo en el centro
del sur de China.

103

ARTE PRIMITIVO

El ser humano sabe de la existencia del bisonte europeo desde hace mucho. El arte rupestre de hace 10 000-17 000 años representa a estas grandes bestias.

Bisonte europeo

Bison bonasus

En 1924 nadie creía que el bisonte europeo conseguiría sobrevivir hasta finales de siglo. Los **cazaban para comérselos** desde hacía siglos, hasta que solo quedaron 54 ejemplares, todos ellos en zoológicos. No obstante, tras varias décadas de **criarlos en cautividad** y devolverlos a su hábitat, el mamífero terrestre más grande de Europa está de vuelta. Actualmente hay una población de unos 7000 animales. Las manadas más grandes se encuentran en Polonia, Bielorrusia y Rusia.

El pelaje del bisonte europeo es menos greñudo que el de sus parientes norteamericanos.

CUERNOS TRABADOS

Cuando dos bisontes machos quieren saber cuál es el más fuerte, se enfrentan en un combate ritual. Es decir, hacen una especie de espectáculo de la lucha. Aunque no se lastiman, a simple vista parece que vayan a destrozarse a cabezazos.

El bisonte europeo es una especie clave ya que transforma los bosques en pastizales, esparce las semillas y los nutrientes con sus heces y proporciona alimento a depredadores y carroñeros.

EN VÍAS DE RECUPERACIÓN

Esta tortuga se extinguió casi del todo a principios de siglo.

Para salvarlas, los científicos trasladaron a 175 ejemplares a refugios, donde podían reproducirse a salvo.

Más de 1000 tortugas estrelladas de Birmania se han devuelto a su hábitat.

La cría en cautividad continúa y cada año nacen varios miles de crías de tortuga estrellada de Birmania.

Tortuga estrellada de Birmania

Geochelone platynota

El caparazón de la tortuga estrellada de Birmania parece una **obra de arte**. Los científicos afirman que su bello diseño ayuda a esta lenta tortuga a camuflarse entre las **hierbas** que abundan en la seca región central de **Myanmar**, un país del sudeste asiático que hasta 1989 se conocía como **Birmania**. Es el único país en el que puede encontrarse esta tortuga.

¿VES LAS ESTRELLAS?

Por desgracia, el insólito diseño de su caparazón hace que sean muy populares entre los coleccionistas de animales exóticos. También se cazan por su carne. Aun así, esta tortuga se está recuperando.

Estas tortugas, del tamaño de un balón de fútbol, levantan completamente el caparazón del suelo cuando se desplazan.

Sus crías se llaman ballenatos.
Al nacer pueden medir 4,5 m
de largo y beben unos 600 l
de leche al día.

Ballena jorobada

Megaptera novaeangliae

La ballena jorobada puede llegar a medir más que un **autobús escolar** y a pesar 36 toneladas. Pero cientos de años de **caza intensiva** llevaron al borde de la extinción a esta y otras especies de ballena. Afortunadamente, muchos países se unieron en 1985 para **prohibir** esta práctica, y en la actualidad las poblaciones de ballena jorobada han **aumentado**.

EN MOVIMIENTO

Algunas poblaciones recorren miles de kilómetros todos los años entre los criaderos ubicados en aguas cálidas y las zonas de alimentación, que se encuentran en aguas más frías.

BALLENAS GRANDES, GRANDES PROBLEMAS

Sus dos amenazas principales hoy en día son ser golpeadas por un barco y enredarse en algún instrumento de pesca.

Esta ballena se alimenta por filtración, es decir, usa unas cerdas llamadas barbas para atrapar kril (pequeños peces y crustáceos).

Lince ibérico

Lynx pardinus

El lince ibérico es un felino salvaje que tiene la piel cubierta de manchas negras, una cola corta y negra, y unos **mechones puntiagudos** de pelo en las mejillas que hacen que parezca que tiene **barba**. Está estrechamente emparentado con el lince común, pero mide la mitad. El lince ibérico necesita una cierta cantidad de **conejos** para alimentarse. Cuando en la década de 1950 un virus aniquiló grandes cantidades de conejos, el lince estuvo a punto de desaparecer.

En 2002 quedaban **menos de 100** linces ibéricos. Los científicos pusieron algunos de los últimos ejemplares que quedaban en cautividad y establecieron un **programa de reproducción**. Hoy, **más de 1000** de estos sigilosos felinos merodean por las montañas de España y Portugal.

AMENAZAS

El cóndor de California es un carroñero, es decir, come cadáveres de animales muertos. Puede intoxicarse al ingerir sustancias tóxicas presentes en la comida, como el pesticida ya prohibido llamado DDT o el plomo de los proyectiles.

Tener la cabeza calva evita que se les peguen residuos en las plumas mientras comen carne en descomposición.

Con su pico fuerte y afilado desgarra la carne y rompe los huesos.

Las corrientes ascendentes de aire caliente les permiten volar a 4570 m del suelo.

Cóndor de California

Gymnogyps californianus

El cóndor de California surca los cielos con sus alas de 3 m, las de **mayor envergadura** de todas las aves de Norteamérica. En 1987, la población total de estas aves descendió a solo **27 ejemplares**. Los científicos los pusieron todos en cautividad para ayudarles a reproducirse. Actualmente hay más de **300**. Queda mucho trabajo por hacer, pero la reaparición del cóndor de California es uno de los **mayores logros** del movimiento conservacionista.

Las cifras mejoran, pero la especie
sigue estando en peligro.

Las crías se cuelgan de su
madre durante las primeras
semanas de vida.

Estos primates del
Nuevo Mundo usan
sus largos dedos
para colgarse de
las ramas.

Tamarino león dorado

Leontopithecus rosalia

Con su pelo anaranjado y su larga cola parecen **peluches**. ¡Pero son de verdad! Viven en una **zona boscosa** de la costa atlántica de Brasil, donde saltan por las copas de los árboles en grupos familiares de entre dos y ocho miembros. Entre sus alimentos preferidos están la fruta, los insectos, los lagartos e incluso los pájaros.

En la década de 1970, el tamarino león dorado estaba considerado en peligro crítico de extinción, ya que quedaban **menos de 200 ejemplares**. Desde entonces, la cría en cautividad y una mejor protección de su **hábitat** han mejorado el nivel de las poblaciones. ¡El número de ejemplares en la actualidad es 20 veces mayor que entonces!

Esta especie tiene las patas más cortas y las pezuñas más gruesas que el caballo común.

Caballo de Przewalski

Equus ferus przewalskii

El caballo de Przewalski debe su nombre a la primera **persona** que describió la especie en la era moderna, **Nikołaj Przewalski**. Pero probablemente el ser humano ya conocía estos caballos pequeños y robustos desde mucho antes. ¡De hecho, algunas **pinturas rupestres** de hace 20 000 años sugieren que el caballo de Przewalski, que hoy solo puede encontrarse en **Mongolia**, solía deambular incluso por la zona que hoy ocupa **Francia**!

DE VUELTA

El caballo de Przewalski salvaje fue
declarado extinto en la década de 1960.
Pero tras varias décadas de cría en cautividad
ha sido reintroducido en sus lugares de origen.
Contando los ejemplares de los zoos y las zonas
protegidas, en la actualidad la población total
es de algunos miles.

¡A causa del pelo
negro de la parte
inferior de sus
patas parece que
lleva calcetines!

El caballo de Przewalski mide como un adulto
humano y tiene la crin negra, como la de las cebras.

Pueden tener distintas tonalidades de marrón, desde claro o crema hasta casi negro.

CARNE Y BAYAS

El oso pardo come carne y pescado cuando puede, como los salmones que vemos aquí. También le gustan las bayas, las raíces, las plantas y los insectos.

118

En las estaciones
más frías puede
comer 41 kg de
comida al día.

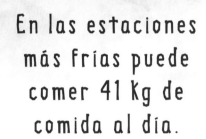

Oso pardo

Ursus arctos

El oso pardo es conocido por ser un **depredador grande y fuerte**, pero estos titanes de color parduzco se enfrentan a graves problemas. Su rango geográfico se extiende por vastas extensiones, desde Norteamérica hasta Asia, Europa e incluso Oriente Medio. Muchas poblaciones de oso pardo se han cazado hasta la **extinción en algunas zonas**. Por desgracia, otras muchas poblaciones de oso pardo, como las de Italia, Siria y la región del Himalaya, están también en una situación de gran peligro.

Los salmones tratan de nadar aguas arriba para desovar y los osos tratan de atraparlos.

Jason Bittel

Jason es un escritor científico que escribe principalmente sobre los animales. Trata de explicar el mundo natural que nos rodea, y en este proceso ha olido las heces del perezoso, ha atrapado jabalíes, ha nadado con pirañas y se ha comido cigarras y chinches.

Jonathan Woodward

Jonathan es un ilustrador de la vida salvaje respetuoso con el medio ambiente que ha recibido varios premios. Buena parte de su trabajo consiste en *collages* hechos con papel reciclado de revistas, aunque también utiliza el ordenador. Le apasionan la naturaleza y los espacios al aire libre.

Glosario

adaptación
Forma en que cambia un organismo vivo con el paso del tiempo para poder sobrevivir en su entorno.

ADN
Sustancia química de la que están hechos los genes.

ancestro
Pariente antiguo.

apocalipsis
Evento que implica una gran destrucción o desastre.

artrópodo
Grupo de invertebrados con un esqueleto externo duro y el cuerpo dividido en segmentos.

carroñero
Animal que se alimenta de los restos de animales muertos.

cautiverio
Cuando los humanos mantienen a los animales en un lugar determinado.

cambio climático
Cambio en la temperatura y el clima de la Tierra que puede ser natural o causado por la actividad humana.

caza furtiva
Matar a un animal de forma ilegal para obtener partes valiosas del mismo.

colono
Persona que se establece en una zona extranjera.

conservación
Proteger entornos y tratar de evitar que plantas y animales se extingan.

cría en cautividad
Proceso por el que se cría a los animales en un entorno controlado fuera de la naturaleza salvaje.

deshielo
Pasar de congelado a líquido.

doméstico
Animal que se tiene como mascota o en una granja.

eclosión
Cuando las crías de un animal salen del huevo.

ecosistema
Comunidad de seres vivos y su medio no viviente, incluido el suelo, el agua y el aire que les rodean.

especie
Tipo específico de animales o plantas con rasgos comunes que pueden aparearse y reproducirse.

especie autóctona

Especie que se encuentra en un lugar determinado por procesos naturales, como la evolución.

especie clave

Ser vivo que ayuda a mantener unido su hábitat.

especie invasora

Animal o planta que daña un entorno tras ser introducido por los seres humanos.

especie no autóctona

Especie que ha sido introducida en una zona por acción humana.

evolucionar

Forma en que los seres vivos cambian y se adaptan con el tiempo para sobrevivir.

explotar

Usar los recursos de forma injusta o abusiva en beneficio propio.

fertilizar

Mejorar el suelo o terreno en la producción de cultivos añadiendo sustancias químicas.

fotosíntesis

Proceso mediante el que las plantas usan la energía del sol para fabricar su alimento.

gen

Parte del ADN que forma las instrucciones codificadas para controlar las distintas células.

glaciación

Período en el que hace mucho frío en el planeta y muchas partes están cubiertas por glaciares.

heces

Excrementos.

hemisferio

Mitad superior o inferior de la Tierra.

marsupial

Mamífero que su madre lleva en su bolsa cuando es una cría.

mastodonte

Animal enorme o muy poderoso.

matriarcal

Comunidad de animales que es liderada por las hembras.

migrar

Cuando los animales recorren una gran distancia para encontrar un lugar en el que vivir.

pesticida

Sustancia química que los granjeros usan para controlar las plagas.

Glosario

pionero

Persona que es uno de los primeros en explorar un nuevo territorio.

polinizar

Dispersar el polen de una planta a otra para que las plantas puedan reproducirse.

primate

Clase de mamífero que incluye a los monos y los seres humanos.

queratina

Material duro que está presente en algunos animales. Es el material del que están hechos el pelo, las uñas, las garras, las plumas y los cuernos.

reproducirse

Tener crías.

retorno a la vida silvestre

Proteger un entorno dejando que vuelva a su estado natural, por ejemplo reintroduciendo animales salvajes que solían vivir en él.

tala

Cortar árboles para usar su madera.

tráfico

Comercio con algo ilegal.

vaporizar

Convertir en gas.

virus del Ébola

Enfermedad infecciosa y mortal.

Índice

Agradecimientos

DK quiere dar las gracias a Srijani Ganguly por la revisión del texto, a Laura Gilbert por el índice y a Rachael Hare por las ilustraciones y diseño adicionales.

También agradece al proyecto Lost and Found por sus historias inspiradoras de conservación y redescubrimiento de especies, que han sido de gran ayuda para el libro: www.lostandfoundnature.com

Créditos de las imágenes

Los editores agradecen a los siguientes su permiso para la reproducción de sus fotografías:
(Clave: a: arriba; b: bajo/debajo; c: centro; d: derecha; e: extremo; i: izquierda; s: superior)

2 Dreamstime.com: Seregam / Sergii Moskaliuk (i). **4-5 Dreamstime.com:** Seregam / Sergii Moskaliuk (b). **7 Dreamstime.com:** Seregam / Sergii Moskaliuk. **8 Dorling Kindersley:** Natural History Museum, Londres (bi); Natural History Museum (bc); Sedgwick Museum of Geology, Cambridge (bd). **Dreamstime.com:** Seregam / Sergii Moskaliuk (s). **8-9 Dreamstime.com:** B1e2n3i4 (b). **9 Dorling Kindersley:** Natural History Museum, Londres (bi). **11 Dreamstime.com:** Seregam / Sergii Moskaliuk (b). **12 Dreamstime.com:** Seregam / Sergii Moskaliuk (s). **12-13 Dreamstime.com:** B1e2n3i4 (b). **14 Dreamstime.com:** Seregam / Sergii Moskaliuk (s). **15 123RF.com:** peterwaters (abeja x4). **18 Dreamstime.com:** B1e2n3i4 (si). **19 Alamy Stock Photo:** The Natural History Museum, Londres (cd); The Natural History Museum, Londres (cdb). **Dreamstime.com:** Ccat82 (d). **20 Dreamstime.com:** B1e2n3i4 (si). **22 123RF.com:** Algirdas Urbonavicius. **Dreamstime.com:** B1e2n3i4 (si); George Gabriel Paraschiv (ca). **22-23 Dreamstime.com:** B1e2n3i4 (fondo). **26 Dreamstime.com:** B1e2n3i4 (si). **28-29 Dreamstime.com:** B1e2n3i4 (fondo). **29 Dreamstime.com:** Ccat82 (ca/fondo); Seregam / Sergii Moskaliuk. Science Photo Library: Natural History Museum, Londres (ca). **30 Dreamstime.com:** B1e2n3i4 (si). **32 Dreamstime.com:** B1e2n3i4 (si). **33 Dreamstime.com:** Ccat82 (ca). **35 Depositphotos Inc:** imagebrokermicrostock (bd). Dorling Kindersley: Jerry Young (cda, cdb). **38 Dreamstime.com:** B1e2n3i4 (si). **41 Dreamstime.com:** Seregam / Sergii Moskaliuk. **42 Dreamstime.com:** B1e2n3i4 (si). **44-45 Dreamstime.com:** B1e2n3i4 (fondo). **44 123RF.com:** Algirdas Urbonavicius. **46 Dreamstime.com:** B1e2n3i4 (si). **48 Dreamstime.com:** B1e2n3i4 (si). **49 Dorling Kindersley:** Natural History Museum, Londres (cda). **Dreamstime.com:** B1e2n3i4 (d). **Science Photo Library:** Peter Scoones (cdb). **50 123RF.com:** Algirdas Urbonavicius. Alamy Stock Photo: The Natural History Museum, Londres (ca). **54 Alamy Stock Photo:** REY Pictures (cia). **Dreamstime.com:** Vladislav Jirousek (bi);

Rodrigolab (cib). **58 Dreamstime.com:** B1e2n3i4 (si). **62 Dreamstime.com:** B1e2n3i4 (si). **62-63 Dreamstime.com:** Rolmat / Rui Matos (fondo). **63 123RF.com:** Algirdas Urbonavicius. **Dreamstime.com:** B1e2n3i4 (ca). **65 Dreamstime.com:** Dwiputra18 (cda). **Getty Images:** Moment Open / Robert Oelman (cd); Moment / Leonid Korchenko (cdb). **69 123RF.com:** Algirdas Urbonavicius (b). **70-71 Dreamstime.com:** B1e2n3i4 (fondo). **72 Dreamstime.com:** B1e2n3i4 (si). **74 Dreamstime.com:** B1e2n3i4 (si). **75 Alamy Stock Photo:** Pacific Imagica (bd). **Dorling Kindersley:** John Leverton (sd). **Dreamstime.com:** Ccat82 (d/círculo del fondo x4); Svetlana Foote (cdb). **76 Dreamstime.com:** B1e2n3i4 (si). **78 Dreamstime.com:** B1e2n3i4 (si). **78-79 123RF.com:** Algirdas Urbonavicius (fondo). **79 Dreamstime.com:** B1e2n3i4 (fondo). **80 123RF.com:** Algirdas Urbonavicius. **Dorling Kindersley:** Natural History Museum, Londres (ca). **82 Dreamstime.com:** B1e2n3i4 (si). **84 Dreamstime.com:** B1e2n3i4 (fondo). **86 Dreamstime.com:** B1e2n3i4 (si). **91 Alamy Stock Photo:** Minden Pictures (cda); Minden Pictures (cd). Shutterstock.com: Splashdown / Michael S Nolan (cdb). **92 Dreamstime.com:** B1e2n3i4 (si). **92-93 Dreamstime.com:** Ines Sulj (fondo). **93 Dreamstime.com:** Isselee (ca). **96 Dreamstime.com:** B1e2n3i4 (si). **98 Dreamstime.com:** B1e2n3i4 (si, papel); Bodik1992 (fondo). **99 Dreamstime.com:** Ccat82 (fondo); Seregam / Sergii Moskaliuk (papel). **100 Dreamstime.com:** B1e2n3i4 (si). **101 123RF.com:** Algirdas Urbonavicius. **Dreamstime.com:** B1e2n3i4 (ca). **102 Dreamstime.com:** B1e2n3i4 (si). **104 Dreamstime.com:** B1e2n3i4 (si). **106 Dreamstime.com:** B1e2n3i4 (si). **Getty Images:** Photodisc / Doug Steakley (cib). **Shutterstock.com:** Borja Reh (ci); Tbank (cia). **108 Dreamstime.com:** B1e2n3i4 (si). **110 Dreamstime.com:** B1e2n3i4 (si); Seregam / Sergii Moskaliuk; Broker / Rafael Angel Irusta Machin (ca). **112 Dreamstime.com:** B1e2n3i4 (si). **114-115 Dreamstime.com:** B1e2n3i4 (fondo). **114 Dreamstime.com:** B1e2n3i4 (si). **115 Dreamstime.com:** Seregam / Sergii Moskaliuk. **116 Dreamstime.com:** B1e2n3i4 (si). **118 Dreamstime.com:** B1e2n3i4 (si). **120 Dreamstime.com:** Seregam / Sergii Moskaliuk (cb). **121 Dreamstime.com:** B1e2n3i4 (sd/fondo); Seregam / Sergii Moskaliuk (ca). **122-123 Dreamstime.com:** Seregam / Sergii Moskaliuk. **124-125 Dreamstime.com:** Seregam / Sergii Moskaliuk. **126-127 Dreamstime.com:** Seregam / Sergii Moskaliuk. **128 Dreamstime.com:** Seregam / Sergii Moskaliuk

Imágenes de la cubierta: cubierta frontal y lomo: **Dreamstime.com:** Ccat82 (textura)

Resto de las imágenes: © Dorling Kindersley